Bibliografische Information der Deutschen Nationalbibliothek:

Die Deutsche Bibliothek verzeichnet diese Publikation in der Deutschen National-
bibliografie; detaillierte bibliografische Daten sind im Internet über http://dnb.d-
nb.de/ abrufbar.

Impressum:

Copyright © 2015 GRIN Verlag, Open Publishing GmbH
Druck und Bindung: Books on Demand GmbH, Norderstedt Germany
ISBN: 9783668434257

Dieses Buch bei GRIN:

http://www.grin.com/de/e-book/359170/die-schwangerschaftskonfliktberatung-als-
arbeitsfeld-der-sozialen-arbeit

Lisa Bartschat

Die Schwangerschaftskonfliktberatung als Arbeitsfeld der Sozialen Arbeit

GRIN Verlag

Fakultät Soziale Arbeit

Wintersemester 2014/15

Die Schwangerschaftskonfliktberatung

eingereicht von: Lisa Bartschat

Datum: 26.02.2015

Inhaltsverzeichnis

Bibliografische Beschreibung

Lisa Bartschat:

Die Schwangerschaftskonfliktberatung als Arbeitsfeld der Sozialen Arbeit

Mittweida, Hochschule Mittweida (FH), Fakultät Soziale Arbeit, Seminar: Werkstatt

Belegarbeit Wintersemester 2014/2015

Abkürzungsverzeichnis

SchKG	Schwangerschaftskonfliktgesetz vom 27. Juli 1992, BGBl. I S. 1398
SGB I	Sozialgesetzbuch (SGB) Erstes Buch (I) -Allgemeiner Teil- vom 11. Dezember 1975, BGBl. I S. 3015)
GG	Grundgesetz für die Bundesrepublik Deutschland vom 23. Mai 1949, BGBl. I S.1
StGB	Strafgesetzbuch vom 26. Juni 2013, BGBl. I S. 1805 in der Fassung der Bekanntmachung vom 13. November 1998, BGBl. I S. 3322

1. Einführung

Die eigene Familie hat für die meisten Menschen einen sehr hohen Stellenwert in ihrem Leben. So liegt es sehr nahe, dass in den meisten Partnerschaften und Ehen der Wunsch nach einer eigenen kleinen oder großen Familie besteht. Viele gehen diesem Kinderwunsch nach, Frauen planen ihre Schwangerschaft und dementsprechend groß ist die Freude, wenn ein Kind die Familie bereichert. 2013 gab es in Deutschland insgesamt 682.069 Geburten, dies waren rund 8.500 mehr als im Vorjahr (vgl. Statistisches Bundesamt 2014).

Doch im selben Jahr gab es auch insgesamt 102.802 Schwangerschaftsabbrüche in Deutschland, rund 4.000 weniger, als im Jahr zuvor. Insgesamt ist die Anzahl seit 2006 stetig gesunken (vgl. ebd.).

Was ist mit den Müttern und Vätern, für die ein Kind (zu dieser Zeit) gar nicht in ihrem Leben vorgesehen war und diese ungeplant schwanger werden? Welche Beratung steht ihnen in diesem Konflikt zur Verfügung und welche Möglichkeiten haben sie?

Diese Fragen möchte ich beantworten, indem ich das Arbeitsfeld der Schwangerschaftskonfliktberatung in der Sozialen Arbeit näher vorstelle.

2. Begriffsklärung

2.1 Beratungsbegriff allgemein und im Schwangerschaftskonflikt

Der Beratungsbegriff meint im allgemeinen Sinn einen durch Fachleuten erteilten Rat an Personen, welche bestimmte Informationen benötigen. Beratung kann zudem aber auch zur Selbstreflexion und Selbsthilfe anregen.

Im engeren Sinn ist eine psychosoziale Intervention in meist krisenhaften oder schwer zu bewältigenden Lebenssituation einer Person zu verstehen. Diese Intervention findet durch Professionelle, wie Psychologen, Sozialpädagogen, u.v.m., statt und kann von jeder Person in Anspruch genommen werden (vgl. Maegli).

Im ersten Sozialgesetzbuch ist dieses Recht auf Beratung wie folgt festgelegt:

"§ 14 SGB I Beratung: Jeder hat Anspruch auf Beratung über seine Rechte und Pflichten nach diesem Gesetzbuch. Zuständig für die Beratung sind die Leistungsträger, denen gegenüber die Rechte geltend zu machen oder die Pflichten zu erfüllen sind." (SGB I 2013, S.1239).

Im Rahmen der Schwangerschaftskonfliktberatung meint der Begriff eine Konfliktberatung, in der die Klientinnen ermutigt, und nicht belehrt oder bevormundet, werden sollen. Diese

Konfliktberatung dient vor allem dem Schutz des ungeborenen Lebens, sodass die Perspektive ein Leben mit Kind zu beginnen im Vordergrund steht.

Diese Beratung ist nach §219 StGB notwendig, wenn die schwangere Frau einen Schwangerschaftsabbruch in Erwägung zieht, trotzdem ist sie ergebnisoffen und geht von der Verantwortung der Schwangeren aus (vgl. §5 SchKG). Die Beratung ist auch hilfreich, wenn kein Abbruch in Betracht kommt, die Schwangere jedoch trotzdem vor einem Konflikt steht, etwa aus finanziellen Gründen. In diesem Fall ist diese Beratung aber nicht gesetzlich vorgeschrieben.

2.2 Schwangerschaftskonflikt

Ein Schwangerschaftskonflikt findet in dem kritischen Lebensereignis einer ungewollten Schwangerschaft Ausdruck. Die betroffene Person wird mit dieser unerwarteten, plötzlichen Schwangerschaft konfrontiert und dabei von vielen unterschiedlichen Emotionen und Empfindungen, wie Wut, Trauer, Verzweiflung bis hin zu Freude und Hoffnung, erfasst.

Erfährt eine Frau von einer ungewollten Schwangerschaft, können ihr unzählig viele verschiedene Fragen durch den Kopf gehen:

"Was werden meine Eltern sagen? Wie wird mein Freund auf diese Nachricht reagieren? [...] Wie soll ich den Lebensunterhalt für das Kind finanzieren? [...] Möchte ich überhaupt ein (weiteres) Kind? Kann ich mir vorstellen, das Kind abzutreiben?" (Knabe 2007, S. 41).

In diesem zeitlich begrenzten Prozess muss die Frau eine Entscheidung treffen. Dabei wird sie einerseits durch ihre eigenen Bedürfnisse und Wünsche beeinflusst, aber auch durch ihre Umwelt, diese gewisse Anforderungen an sie stellt. Die Schwangere ist dabei häufig hin- und hergerissen durch Angst vor Notlagen, Angst, wichtige Personen zu verlieren, aber auch Angst, das Kind abzutreiben, Angst vor medizinischen Risiken und der Abtreibung selbst. Dieser Konflikt wird erschwert durch den zeitlichen Druck, der auf der Frau lastet, da sie die Entscheidung über ein Leben nur in wenigen Wochen oder sogar Tagen treffen muss (vgl. ebd.). Daraus lassen sich häufig auch die möglichen Folgen für die Betroffene nach einem Abbruch erahnen: Nicht selten kommt es dazu, dass die Frau einen Abbruch bereut, über den Verlust trauert und dadurch auch in Depressionen verfallen kann.

3. Schwangere in der Beratung

3.1 Gesetzliche Rahmenbedingungen

"Ab wann gilt das Ungeborene als Mensch und erwirbt somit das Recht auf Leben? Hat das Recht auf freie Entfaltung der eigenen Persönlichkeit einen Vorrang gegenüber dem Recht auf Leben, oder gilt es, das Recht auf Leben zu schützen zu Ungunsten der Selbstbestimmung der Frau? Ab wann ist die körperliche Unversehrtheit, womit auch die psychische Gesundheit gemeint ist, einer Frau im Schwangerschaftskonflikt gefährdet?" (Knabe 2007, S. 11).

All diese Fragen ergeben sich im Zusammenhang mit der Schwangerschaftskonfliktberatung aus dem Artikel 2 im Grundgesetz, welcher das Recht auf Freiheit, Leben und Entfaltung der eigenen Persönlichkeit festhält. Diese Fragen alle zu beantworten wäre jedoch eine zu komplexe Auseinandersetzung, da die Antworten eher schwer zu finden sind. Deshalb wird in diesem Abschnitt das Selbstbestimmungsrecht einer Schwangeren näher erläutert.

Das Recht auf freie Entfaltung der Persönlichkeit bedeutet, dass eine schwangere Frau gemäß Art. 2 Abs. 1 GG ein Recht darauf hat, ihr Leben individuell selbst zu gestalten (vgl. Punkt 3.1. individueller Lebensentwurf). In dieses Recht kann rechtlich nur eingegriffen werden, wenn Rechte von anderen Personen gefährdet sind.

Ist durch eine Schwangerschaft das Leben der Frau ernsthaft gefährdet, so ist für sie vor allem Art. 2 Abs. 2 GG, das Recht auf Leben und körperliche Unversehrtheit, wichtig.

Der Staat muss diese Grundrechte einer Schwangeren gewährleisten und zugleich durch Anerkennung des Fötus als Mensch, das Lebensrecht des Ungeborenen schützen, was sich ebenfalls aus dem Recht auf Leben eines Menschen in Art. 2 Abs. 2 GG ergibt.

Es wird somit deutlich, dass die Grundrechte der Frau auf persönliche Freiheit mit dem Grundrecht auf Leben des Ungeborenen kollidieren. Inwieweit es möglich ist ohne Strafe einen Abbruch durchzuführen und welche Voraussetzungen erfüllt werden müssen, regeln die Paragraphen §§218ff. StGB (vgl. Knabe 2007, S. 12).

3.2 Einflussfaktoren auf die Entscheidungsfindung

Jede Frau kommt irgendwann an den Punkt, an dem sie ihren weiteren Lebenslauf planen muss. Die Lebensbereiche Familie und Beruf sind dabei die zentralen Themen. Die Gesellschaft hat jedoch einen großen Einfluss auf die Frau und auf diese Lebensbereiche. Sie bietet sogenannte kollektive Entwürfe für die Frau an und hat zum Ziel, dass die Lebensbereiche Beruf und Familie miteinander vereint werden.

Jedoch hat die Frau in gewissem Maße auch die Möglichkeit diese kollektiven Entwürfe auf ihr eigenes Leben und ihre Wünsche und Vorstellungen zu 'übersetzen' und ihre eigenen individuellen Lebensereignisse zu gestalten. Abhängig ist dies oft von den eigenen Erfahrungen in einzelnen Lebensbereichen, wie Familie, Schule, Beruf und Freizeit, woraus sich dann Interessen, Abneigungen oder Wertvorstellungen entwickeln (vgl. Knabe 2007, S. 14ff.). Trotzdem verläuft dieser Entscheidungsprozess nie ohne Einbeziehen von gesellschaftlichen Rahmenbedingungen. An die Frau wird die Erwartung gestellt, eine Berufsausbildung zu absolvieren, diese im Falle einer Schwangerschaft aber zumindest auf gewisse Zeit zu unterbrechen. Dies meint aber, dass die Frau die Mutterschaft dem Beruf vorziehen soll. Der Begriff der "Karrierefrau" wird von der Gesellschaft selten als gewünschtes Leitbild bezeichnet.

Im Falle einer ungewollten Schwangerschaft muss die Entscheidung dafür oder dagegen innerhalb kurzer Zeit getroffen werden. Die Betroffene überprüft dabei ihre Träume und Wünsche auf Realisierbarkeit und formt ihren Lebensentwurf so um, dass eine Schwangerschaft entweder Platz in ihrem Leben hat oder eben nicht (vgl. ebd., S. 17).

Natürlich beeinflussen neben den gesellschaftlichen Anforderungen aber vor allem die Anforderungen des sozialen Netzwerkes der Frau die Entscheidung über eine Schwangerschaft. Ausschlaggebend ist häufig die Herkunft der Familie, die Religion der Betroffenen und der eigene Partner: Entschieden wird nämlich oft danach, ob die Familie die Entscheidung der Frau akzeptieren würde, ob eine Schwangerschaft als kritisches Lebensereignis der Religion nach akzeptabel ist, wie die Schwangerschaft in den Lebensentwurf des Partners passt, aber auch, ob man diesen Schritt mit dem Partner überhaupt gehen will oder nicht (vgl. ebd., S. 35ff.).

4. Beratungsstellen

4.1 Gesetzliche Grundlagen

Besteht für eine Schwangere die Option einer Abtreibung, so ist es gesetzlich vorgeschrieben, dass sie eine Beratungsstelle aufsucht, um eine Tötung des Kindes abzuwenden. Das Schwangerschaftskonfliktgesetz regelt alle Maßnahmen, die damit zusammenhängen. Es beinhaltet neben den gesetzlichen Grundlagen zum Schwangerschaftskonflikt und Schwangerschaftsabbruch auch Paragraphen zur Sexualaufklärung, Prävention und Familienplanung, welche zu Beginn dieses Gesetzes aufgeführt sind. Diese präventiven Angebote wurden vom Gesetzgeber bewusst an den Anfang gesetzt, weil diese Maßnahmen der Vermeidung von Schwangerschaftsabbrüchen und -konflikten dienen und ein Rückgang der Inanspruchnahme von Schwangerschaftskonfliktberatung angestrebt wird.

Das Gesetz umfasst Normen über die Beratungsstellen, ihre Förderung und Anerkennung (§§ 3,4,8ff. SchKG), über die Beratung (§2 SchKG), welche Informationen und Leistungen diese umfassen muss, und natürlich die Schwangerschaftskonfliktberatung, ihre Inhalte, die Durchführung und die Beratungsbescheinigung (§§5-7 SchKG).

Benötigt eine Frau eine Schwangerschaftskonfliktberatung, so kann sie zwischen Beratungsstellen mit unterschiedlichen weltanschaulichen Ausrichtungen wählen. Damit man überhaupt eine Beratung wahrnehmen kann, ist durch die Länder ein ausreichendes Angebot in zumutbarer Entfernung[1] sicherzustellen (vgl. §3 SchKG).

Möchte eine Frau die Schwangerschaft bis zur 12. Schwangerschaftswoche abbrechen, muss sie in einer anerkannten Einrichtung eine Schwangerschaftskonfliktberatung absolvieren. Sie erhält dafür einen Beratungsschein, dieser auch als Erlaubnis für den zuständigen Arzt gilt, die Schwangerschaft durch einen Eingriff abzubrechen (vgl. §7 SchKG).

4.2 Bekanntmachung

Stellt der Gynäkologe eine Schwangerschaft fest und vermutet oder weiß, dass dies bei der Schwangeren einen Konflikt darstellt, was häufig bei minderjährigen Schwangeren der Fall ist, so ist es dessen Aufgabe auf eine nahegelegene Schwangerschaftsberatungsstelle zu verweisen. Zudem werden Infomaterialien in den Praxen selbst ausgelegt, um mögliche Klienten darauf aufmerksam zu machen.

Informationsverbreiter sind neben den Gynäkologen auch häufig das Jugend-, Gesundheits- und das Sozialamt. Doch auch in Schulen informieren häufig Lehr- und Ausbildungskräfte darüber, sowie Broschüren, Zeitungsartikel oder Informationsveranstaltungen. Sehr häufig erfahren Betroffene aber über Mundpropaganda von den Beratungsstellen (vgl. Häussler-Sczepan, Michel, Wienholz 2005, S. 59f.).

---

[1] Als zumutbare Entfernung wird angesehen, wenn die Beratungsstelle mit öffentlichen Verkehrsmitteln an einem Tag zu erreichen ist.

4.3 Aufgaben und Ziele der Sozialarbeiter

Wird die Schwangerschaftsberatung in Anspruch genommen, so ist es vor allem die Aufgabe der Berater, die Betroffene darin zu stärken "Ja" sagen zu können, besonders in schwierigen Lebenslagen. Denn es ist Ziel der Beratungsstelle das Leben des ungeborenen Kindes zu schützen, soweit es möglich ist (ebenfalls im §219 StGB festgelegt). Damit jede schwangere Frau dieses Angebot wahrnehmen kann und für alle eine Beratung zum Schutze des Kindes stattfinden kann, ist dieses Angebot unentgeltlich. Die Beraterin[2] nimmt gegenüber der Klientin eine Haltung an, welche die Wert- und Sinnhaftigkeit der Mutter und des Kindes in den Mittelpunkt stellt.

Die Schwangere ist bei der Beratung die wichtigste Person, denn sie entscheidet am Ende, für welchen Weg sie sich entscheidet. Auf sie treffen alle möglichen Faktoren zusammen, ihre innere aber auch die Wahrnehmung von Außenstehenden, weshalb der Konflikt für die Betroffene oftmals hohen Stress bedeutet. An diesem Punkt ist es Aufgabe der Beraterin der Schwangeren bei diesem Konflikt zu helfen.

In der Beratung kommen meistens mehrere Konflikte zum Ausdruck. Die Beraterin muss herausfinden, welche Kernproblematik besteht und diese analysieren, welche Gründe die Betroffene hat, um sich in diesem Konflikt zu befinden und wo sie selbst ihre Probleme und Schwierigkeiten sieht. Um zu dem Kern des Problems zu gelangen, setzt die Beraterin Prioritäten aus den gelieferten Informationen der Klientin, damit diese sich auf das eigentliche Problem konzentrieren und durch die Beratung zu einer Lösung gelangen kann, mit der sie sich auch identifiziert (vgl. Arnold 2001, S.58).

Doch die Schwangere befindet sich häufig in einer Orientierungskrise. Dies bedeutet, dass sie selbst keine Entscheidung darüber treffen kann, was für sie erstrebenswert und was abzulehnen ist. Diese Krise äußert sich als Unsicherheit. Die Beratung soll der Frau zu einer Neuorientierung verhelfen und mit ihr zusammen realisierbare, sinnvolle Ziele setzen, um ihre eventuelle Orientierungslosigkeit in dem Konflikt zu beenden (vgl. ebd.).

Es ist sehr wichtig, was die Beraterin sagt, wie sie es sagt, wie sie sich dabei verhält und wie die Äußerungen bei der Klientin ankommen, da die betroffene Frau die Worte häufig übersensibel auffasst, wenn sie unter solch einem großen Druck steht. Die Beraterin darf die Probleme also selbst nicht überbewerten, noch die Überbewertung der Klientin unterstützen (vgl. ebd., S.60).

---

[2] Es wird in den folgenden Abschnitten der Begriff Beraterin verwendet, da laut der angegebenen Quellen überwiegend von weiblichen Schwangerschaftsberatern gesprochen wird und es in diesem Beleg der Übersichtlichkeit dienen soll. Dies schließt aber nicht aus, dass auch männliche Berater in diesem Arbeitsfeld tätig sind.

Die Beraterin kann der Schwangeren zu neuer Hoffnung verhelfen, indem sie ihr selbst hoff-
nungsvoll entgegentritt und sie nicht noch mehr mit Vorwürfen und Kritik in ihrer schweren
Zeit kränkt. Denn die Betroffene steht meist zwischen `zwei Stühlen`. Sie hat einerseits Ängs-
te, das Leben ihres Kindes zu beenden und andererseits ist sie sehr gehemmt, das Leben des
Ungeborenen in ihr eigenes zu integrieren und Verantwortung dafür zu übernehmen. Während
dieser enorme Druck auf der Schwangeren lastet, muss die Beraterin die Frau davor schützen,
dass sie eine Entscheidung fällt, nur um diesem Druck zu entgehen, sondern ihr dabei beiste-
hen, eine Einigkeit mit sich selbst zu erreichen (vgl. ebd., S. 58). Sie darf die Klientin auf kei-
nen Fall sich selbst, ihrem Umfeld und ihren Befürchtungen überlassen, da die Frau höchst-
wahrscheinlich bereits auf eine mögliche Entscheidung fixiert ist, ohne sich über Alternativen
wirklich bewusst zu sein. Sie hat stattdessen die Verpflichtung, dass sie der Betroffenen Wege
zu einer Konfliktlösung aufzeigt, als Professionelle Fragen der Schwangeren beantwortet und
zu den Anschauungen der Frau, mit der sie ständig konfrontiert wird, Stellung zu beziehen
und zu reflektieren (vgl. ebd., S.61).

Wichtig für die Beraterin ist vor allem, dass sie ihre eigenen Werte und Vorstellungen nicht in
den Vordergrund rückt. Diese können zwar aufgrund ihrer Kompetenzen eine sinnvolle Lösung für die Schwangere darstellen, damit die Betroffene die Lösung aber auch selbst als
sinnvoll anerkennt, ist es sehr wichtig ihre Werte in den Mittelpunkt zu stellen. Diese äußern
sich besonders in den Aussagen der Frau und können so von der Beraterin gedeutet werden.
Um der Frau einen anderen Blick zu verschaffen, muss eine gewisse Werteflexibilität hervor-
gerufen werden, sodass die Schwangere ihren Blick auf ihre eigene Problemlage erweitert und
so weitere Alternativen in Betracht ziehen kann (vgl. ebd., S.59).

Man geht davon aus, dass die betroffene Frau unter Hyperreflexion[3] leidet, da sie unerwartet
und ungewollt schwanger wurde. Sie sieht die Probleme oftmals als unüberwindbar an und
damit als unveränderbare Gründe gegen das Kind. An diesem Punkt liegt es an der Beraterin,
diese Einstellung der Frau zu ändern, damit diese ihre Situation nicht mehr überbewertet, sondern real betrachtet und akzeptiert. Das Gesetz sieht deshalb vor, dass betroffene Frauen keine
Beratungsbescheinigung erhalten, bevor sie nicht ihre wahren Gründe dargelegt haben.

Für die Beratung ist ein gesunder Mensch nicht jemand, der keine Probleme hat, sondern jemand, der seine Probleme auf das Notwendigste reduziert und sich auf die Aufgaben und
Herausforderungen des Lebens konzentriert. Die Aufgabe der Beraterin besteht deshalb darin,
permanent den gesunden Geist der Betroffenen im Blick zu behalten. Auch das Feedback der
Beraterin kann Auswirkungen auf das Selbstverständnis der Frau haben. Da die Beratung vor

---

[3] Dies bedeutet, dass die Schwangere Sachverhalte, die ihre Situation betreffen, überbewertet.

allem zum Schutz des ungeborenen Lebens stattfindet, ist es immer wieder wichtig Bejahungen der Frau für das Kind aufzugreifen und ihr genauso auch zurück zugeben.

Wurde eine Entscheidung von der Betroffenen gefällt, muss sich die Beraterin ab da zurückhalten. Es ist nicht ihre Aufgabe die Frau zu überreden und ihr ihre Wertvorstellungen aufzuzwingen. Man geht stattdessen davon aus, dass die getroffene Entscheidung, nach einer Schwangerschaftskonfliktberatung, die für die Schwangere am geeignetste Entscheidung ist (vgl. Arnold 2001, S. 59f.).

4.3.1 Durchführung und Inhalt der Beratung

Eine beratungssuchende Schwangere ist, gemäß §6 SchKG, unverzüglich zu beraten. Auf ihren Wunsch hin kann diese auch gegenüber der beratenden Person anonym bleiben. Da ihr Name auf der Bescheinigung vermerkt sein muss, muss diese von einer anderen Person der Beratungsstelle ausgefüllt werden (vgl. §6 SchKG). Weiterhin ist es der Betroffen auch schon im Voraus möglich, sich Online kostenlos und anonym beraten zu lassen, um eventuell wichtige Fragen zu klären. Dieses Angebot erleichtert es vielen Frauen überhaupt einen Zugang zu den Beratungsstellen zu finden (vgl. Arnold 2001, S. 62).

Wichtig, wie für jeden Beratungsansatz, ist vor allem in der Schwangerschaftskonfliktberatung, dass eine Vertrauensbasis zwischen Beraterin und Klientin hergestellt wird. Da die Betroffene in den meisten Fällen eher unfreiwillig zu der Beratung erscheint, soll dieses Vertrauen eine einfühlsame Atmosphäre aufbauen, diese die Grundlage dafür ist, dass die schwangere Frau bereit ist sich zu öffnen und ihre Situation darzustellen (vgl. ebd.).

Besteht ein vertrauter Umgang, klärt die Beraterin grundsätzliche Fragen, wie zum Beispiel, welche Erwartungen und Ziele die Frau in der Beratung hat. Um die Schwangere zu stärken, ist es immer wieder wichtig, Hoffnung und Zuversicht bei ihr aufzubauen (vgl. ebd.).

Zu den unverzichtbaren Methoden der Beratung gehört, dass man den *"heilen Kern der Persönlichkeit"* (ebd., S. 60) der Betroffenen aktiviert, ihr einen Weg zur Handlungsumsetzung zeigt, Leitlinien einfließen lässt und die Klientin durch wertorientierte Imaginationen leitet (vgl. ebd.).

Eine Entscheidungsfindung kann erfolgen, wenn die Klientin ihre Situation akzeptiert hat, Verantwortung für ihre Handlung übernimmt, alternative Werte berücksichtigt und die Aufforderung, die hinter ihrem Konflikt steckt, selbst erkennt (vgl. ebd., S. 63). Ist dies der Fall und wird es von der beratenden Person nach ausreichender Zeit auch so angesehen, erklärt

diese die Beratung als abgeschlossen. Erst dann kann die Betroffene die Bescheinigung aus-
gehändigt bekommen (vgl. Ellwanger 1997, S. 29).

Die Inhalte einer Schwangerschaftskonfliktberatung sind ebenfalls im Schwangerschaftskonfliktgesetz (§5 SchKG) geregelt. Zu diesen gehört, wie in Punkt 4.3 erwähnt, dass die Betroffene ihre Gründe mitteilt, weshalb sie einen Schwangerschaftsabbruch in Erwägung zieht.

Der Frau muss jedoch immer deutlich gemacht werden, dass das ungeborene Kind in jedem
Stadium der Schwangerschaft ein Recht auf Leben hat, und ein Abbruch der Schwangerschaft
deshalb nur in Ausnahmesituationen[4] in Betracht gezogen werden kann. Die Berater müssen
sich vergewissern, ob die betroffene Frau dieses Bewusstsein hat, andererseits müssen sie der
Frau dieses Bewusstsein verschaffen. Da die Frau jedoch jederzeit die Verantwortung trägt,
soll dies ein Anhaltspunkt für die Selbsteinschätzung der Frau sein (vgl. Ellwanger 1997, S.
22f.).

In der Beratung müssen, je nach den Wünschen und Bedürfnissen der Schwangeren, alle er-
forderlichen rechtlichen, sozialen und medizinischen Informationen vermittelt werden und die
möglichen Hilfen, die die Frau in Anspruch nehmen kann, besprochen werden. Dazu gehört
beispielsweise die Unterstützung bei der Suche nach einer Wohnung, Kinderbetreuungsmög-
lichkeiten und Hilfe bei der Fortsetzung einer Ausbildung. Auf Wunsch der Frau hin, wird sie
auch über die Möglichkeiten der Prävention von ungewollten Schwangerschaften (nach §1)
informiert (vgl. ebd.).

Die Beratungsstelle bildet nicht nur eine Informationsvermittlung, sondern ist auch dazu ver-
pflichtet, die notwendigen Angebote zu vermitteln, der Frau also auch bei Behördengängen
und Antragsstellungen beizustehen.

Inhalt der Beratung ist auch eine mögliche Nachbetreuung der Frau, sowohl nach der Geburt
des Kindes, als auch nach einem Schwangerschaftsabbruch (vgl. ebd.).

4.3.2 Betreuung nach dem Schwangerschaftsabbruch

Hat sich die betroffene Frau dafür entschieden, ihr Leben ohne das Kind weiterzuführen, bedeutet ein Abbruch keineswegs, dass sich für sie der vorherige Zustand wieder herstellt. Auch
wenn diese Entscheidung für die Frau als die richtige empfunden wurde, so kann es nach so
einem Schritt immer zu nicht zu beseitigenden Folgen kommen. Oftmals kommt es zu
schwerwiegenden seelischen oder sogar traumatischen Störungen, da die Auslöschung eines
Lebens nicht mehr rückgängig gemacht werden kann. Die Betroffenen realisieren oftmals erst

---

[4] Dies bedeutet, wenn der Frau durch die Geburt eines Kindes eine Belastung entsteht, "die so schwer und
außergewöhnlich ist, daß sie die zumutbare Opfergrenze übersteigt." (vgl. Ellwanger 1997, S. 22).

hinterher die Bedeutung dieser Entscheidung für sich und ihr Leben und bereuen diesen Schritt des Schwangerschaftsabbruches nicht selten. Es kommt zu Trauer, Schuldgefühlen und auch Gewaltempfindungen (vgl. Arnold 2001, S. 78ff.).

Das Angebot der Betreuung nach einem Schwangerschaftsabbruch hat eine sehr große Bedeutung für die betroffene Frau. In der sinnorientierten Nachbetreuung soll der Frau bei der Sinnfindung in ihrer Situation geholfen werden (vgl. ebd.).

Die Betreuung durch die Soziale Arbeit in der Schwangerschaftsberatung unterscheidet sich dabei maßgebend von herkömmlichen Beratungsangeboten, da sie über diese Angebote hinaus auch seelsorgerlicher Ansprechpartner für die Betroffenen ist. Die Berater setzten sich zusammen mit der Frau mit ihrem Schmerz und Leiden auseinander, sprechen mit ihr über die Unabänderlichkeit des Zustandes und versuchen ihr mit der Nachbetreuung Trost zu spenden. Zudem versuchen sie die innere Haltung der Frau auf die Zukunft auszurichten.

Eine Konfrontation des Selbst mit diesen Gefühlen bedeuten für die Frau dennoch eine Reifung der eigenen Persönlichkeit. Dieser Prozess wird durch die Nachbetreuung für die Frau erkenntlich und durch die Beratergespräche gestützt und gestärkt, sodass für die Frau am Ende nur das verwirklichte Gute zählt (vgl. ebd., S. 91ff.).

4.3.3 Beratungsstil

Die Schwangerschaftskonfliktberater müssen in den Gesprächen mit ihren Klienten den Aspekt der Informationsvermittlung mit der Konfliktberatung vereinen. *"Die unterschiedliche Akzentuierung der Beratungsinhalte, entweder auf Information oder Konfliktberatung beeinflusst die Methodenwahl und den Beratungsstil."* (Arnold 2001, S. 50, zit. n. Günster 1996, S. 62).

Hält sich die beratende Person eher an die Informationsvermittlung, so kann es dazu kommen, dass das Gespräch geprägt von einer *"kognitiven und emotional distanzierten Haltung"* (ebd., S. 50) ist, während bei einer Konfliktberatung der Betroffenen Verständnis, Wertschätzung und Empathie entgegenzubringen ist.

Um das richtige Maß aus beiden Aspekten für die Klientin zu finden, ist es für die Berater wichtig, dass sie schnell die Problemlage und familiäre, sowie partnerschaftliche Hintergründe der Schwangeren erkennen und analysieren, um das Maß der Krisensituation beurteilen und besprechen zu können (vgl. ebd.).

Ein wichtiges Instrument dabei ist aber vor allem auch die Persönlichkeit der Beraterin. Diese nimmt Einfluss auf den Beratungsstil und hat auch Auswirkung auf die Klientin-Berater-

Beziehung. Ist diese Beziehung gut, so ist die Wahrscheinlichkeit höher, dass sich die Schwangere der beratenden Person gegenüber öffnet und ihren Schwangerschaftskonflikt öffentlich macht, womit auch der Erfolg der Beratung gesteigert wir (vgl. ebd.).

4.4 Arten in der Schwangerschaftskonfliktberatung

Bei der Recherche zu dem Arbeitsfeld der Schwangerschaftskonfliktberatung wurde deutlich, dass die meisten Beratungsstellen in Deutschland keine religiösen Haltungen vertreten. Trotzdem gibt es vermehrt auch christliche Beratungsstellen, die den Schwangeren Hilfe anbieten. Bei den nicht-religiösen Beratungsstellen ist zwar der Schutz des Kindes das oberste Ziel, dennoch kommen die Schwangeren dort hin, da sie einen Schwangerschaftsabbruch in Erwägung ziehen und dies bei der Beratungsstelle auch eine mögliche Lösung des Konfliktes sein kann. Dies soll zwar nur in Ausnahmefällen von Notlagen der Fall sein, dennoch sprechen sich die Beratungsstellen damit nicht gegen die Abtreibung aus, sondern arbeiten mit dieser Möglichkeit.

Ein Unterschied dazu bilden die christlichen Beratungsstellen. Das christliche Menschenbild besagt, dass der Mensch ein Geschöpf Gottes ist und das menschliche Leben unverletzlich sei (5. Gebot: Du sollst nicht töten.).

Da der Schwangerschaftsabbruch eine Verletzung des Rechts auf Leben des Kindes, und damit Tötung ist, lehnen die christlichen Beratungsstellen diese Möglichkeit der Konfliktlösung ab. Für sie ist ein Schwangerschaftsabbruch nicht ihrer moralischen Werte entsprechend, weshalb dieser Aspekt in ihrer Beratungsstelle eher zu verhindern versucht wird. Bei meiner Recherche bin ich auf die Einrichtung *donum vitae* gestoßen. Donum vitae ist lateinisch und bedeutet "Geschenk des Lebens". Hierbei wird allein schon beim Name der Beratungsstelle deutlich, welche Grundsätze diese vertritt. Weiterhin spricht sich die Organisation mit der Aktion "Ich bin ein Geschenk, weil..." deutlich gegen den Schwangerschaftsabbruch aus (vgl. donum vitae).

Der Inhalt ihrer Beratung begrenzt sich somit vielmehr darauf, der Klientin Wege mit dem Kind aufzuzeigen und ihr Unterstützung und Hilfsangebote zu vermitteln, die sie in ihrer kritischen Lebensphase mit dem Kind unterstützen.

Bis auf den Aspekt des Schwangerschaftsabbruches sind beide Arten der Schwangerschaftskonfliktberatung gleich. Sie haben alle zum Ziel, dass das Ungeborene Leben geschützt wird, sie informieren die Frau über wichtige Aspekte und beantworten ihre Fragen fachgerecht, sie vermitteln ihr Hilfsangebote und stärken sie und ihre Persönlichkeit.

Literaturverzeichnis

Arnold, A. (2001): Theoretische Grundlagen, Chancen und Möglichkeiten der sinnorientierten Beratung im Schwangerschaftskonflikt. Mittweida: Diplomarbeit

donum vitae Bundesverband e.V.(o. J.): donum vitae. Ich bin ein Geschenk weil.... [WWW document] URL http://www.donumvitae.org/ich_bin_ein_Geschenk, verfügbar am 10.01.2015.

Ellwanger, D. (1997): Schwangerschaftskonfliktgesetz. Stuttgart, Berlin, Köln: W. Kohlhammer GmbH.

Häussler-Sczepan, Michel, Wienholz (2005): Teenagerschwangerschaften in Sachsen. Angebote und Hilfebedarf aus professioneller Sicht. Köln: Bundeszentrale für gesundheitliche Aufklärung.

Knabe, M. (2007): Lieber ein Kind auf dem Kissen, als eins auf dem Gewissen. Mittweida: Diplomarbeit.

Maegli, R. (o. J.): Beratung. [WWW document] URL http://www.socialinfo.ch/cgibin/dicopossode/show.cfm?id=87, verfügbar am 10.01.2015.

Statistisches Bundesamt (Hrsg.) (2014): 682 000 Kinder kamen im Jahr 2013 zur Welt. [WWW document] URL https://www.destatis.de/DE/PresseService/Presse/Pressemitteilungen/2014/12/PD14_434_126.html;jsessionid=6C3A4A5EFC37EEC172D7D 18709BEF0DD.cae1, verfügbar am 10.01.2015.

Statistisches Bundesamt (Hrsg.) (2014): Schwangerschaftsabbrüche. [WWW document] URL https://www.destatis.de/DE/ZahlenFakten/GesellschaftStaat/Gesundheit/Schwangerschaftsabbrueche/Tabellen/RechtlicheBegruendung.html, verfügbar am 10.01.2015.

BEI GRIN MACHT SICH IHR WISSEN BEZAHLT

- Wir veröffentlichen Ihre Hausarbeit,
  Bachelor- und Masterarbeit

- Ihr eigenes eBook und Buch -
  weltweit in allen wichtigen Shops

- Verdienen Sie an jedem Verkauf

Jetzt bei www.GRIN.com hochladen
und kostenlos publizieren

9 783668 434257